JASMIN KRAUSE

MINI-GESCHENKE
AUS DER KÜCHE

Freude teilen * Freude schenken

„EIN GESCHENK IST GENAUSO
VIEL WERT, WIE DIE LIEBE,
MIT DER ES ~~AUSGESUCHT~~ *gebacken*
WORDEN IST.“

Schau, Mine – der Himmel ist ganz rosa, da backen die Engel wieder Weihnachtskekse.

Immer, wenn meine Eltern diesen wunderbaren Satz bei gemeinsamen Autofahrten sagten, entführte mich meine Fantasie in eine Welt aus sich auftürmenden rosa Wolken, kleinen Engeln mit goldenen Flügeln und ganzen Tischen voller Leckereien. Ich konnte Weihnachten kaum erwarten und freute mich auf den Moment, in dem ich im schönsten pinken Seidenkleidchen vor dem Weihnachtsmann stehen würde, mein Gedicht aufsagen und dann Geschenke in Empfang nehmen konnte.

Seit dieser Zeit sind fast drei Jahrzehnte vergangen und meine Vorfreude auf die schönste Zeit des Jahres ist immer noch so groß wie damals. Nur eines hat sich verändert: Statt mich beschenken zu lassen, spiele ich heute viel lieber selbst das Christkind und beschenke meine Liebsten mit den leckersten Geschenken aus der Küche. Vom kleinen Schokokuss in Tannenbaumform über Irish Cream Fudge bis hin zum selbstgemachten Vanilleextrakt ist alles dabei und das Leuchten in den Augen meiner Familie ist für mich das schönste Präsent unter dem Weihnachtsbaum.

Diesen magischen Moment wünsche ich mir auch für jeden Einzelnen von euch. Dafür habe ich in diesem Buch meine schönsten und leckersten Mini-Geschenke aus der Küche zum Weihnachtsfest zusammengetragen. Auf dass euch kleine, goldene Flügel wachsen, ihr in rosa Back-Wolken eintauchen und ganze Tische mit Leckereien füllen könnt.

eure Jasmin

Inhalt

Blick in die Vorratskammer
Mit Resten etwas Schönes schenken – Seite 10

Kleine Verpackungen für große Freude
schnell gemacht – Seite 12

Schnelle Last Minute Rezepte
FÜR SPONTANE MINI-GESCHENKE AUS DER KÜCHE

Weihnachtliche Schokoladenlollis
mit bunten Zuckerstreusel & Glitzer – Seite 16

Heiße Schokolade
mit Marshmallows & Zuckerstangen – Seite 18

Schokoladige Rumkugeln
wie vom Weihnachtsmarkt – Seite 20

Kleines Frühstücksglück
zum Verschenken – Seite 22

Weihnachtliche Schokoladentafeln
für Groß & Klein – Seite 24

Schnelle Energyballs
mit Erdnussbutter & Schokodrops – Seite 26

Kleine Gewürzträume
zum Verschenken – Seite 28

Sweet & Spicy Gewürznüsse
mit Honig & Pfeffer – Seite 30

Deluxe Snacks
zum Knabbern & Genießen – Seite 32

Festliche Mini Mitbringsel
FÜR EINE LECKERE ADVENTSZEIT

Weihnachtliche Schokoküsse
zum Verlieben – Seite 36

Mini-Lebkuchenhäuschen
mit Zuckerguss & Streuseln – Seite 38

Festliche Ideen mit Baiser
für den kleinen Genuss – Seite 40

Sugar Cookies
zum Verschenken & Dekorieren – Seite 42

Fruchtige Snacks
mit dunkler Schokolade – Seite 44

Marzipan Schokoküsse
mit Kokos & Krokant – Seite 46

Glühweingummis
mit Kirschnote und Glitzer – Seite 48

Köstliche Kleinigkeiten
FÜR GLÄNZENDE AUGEN UNTER DEM WEIHNACHTSBAUM

Festliche Macarons
im Winter Look – Seite 52

Süßes Anstoßen
mit Irish Cream Likör & Whisky – Seite 54

Schneeflocken-Marshmallows
mit Kokosraspeln – Seite 56

Selbstgemachter Limoncello
wie aus Italien – Seite 58

Weißer Nougat
mit Kirschen & Pistazien – Seite 60

Salted Caramel Bars
mit Shortbread Boden & Cashewkernen – Seite 62

Irish Cream Trüffelpralinen
mit Zartbitterschokolade & Blattgold – Seite 64

Weihnachtliches Streichglück
in süß & herzhaft – Seite 66

Schokoladentrüffel
zum Dahinschmelzen – Seite 68

DIY Vanilleextrakt
zum Kochen & Backen – Seite 70

Rocky-Road Schokoladenwürfel
mit Marshmallows – Seite 72

Register – Seite 74
Autor – Seite 76
Danksagung – Seite 76
Impressum – Seite 77

Heiße Schokolade am Stiel? Kleine Kränze aus Baiser? Leckere Schokoküsse? Das alles klappt prima mit einer Handvoll Zutaten. Denn für wundervolle Mini Geschenke aus der Küche braucht es häufig nur ein paar Restbestände aus der Vorratskammer: Mit übriggebliebener Schokolade, weihnachtlichen Keksen, verschiedenen Nüssen und bunten Zuckerstreuseln lassen sich schnell schöne Mitbringsel zaubern. Kommen dann noch Eier, Mehl und Zucker hinzu, kann bereits ein Großteil der hier im Buch vorgestellten Rezepte nachgemacht werden. Also einmal die Vorratskammer durchforstet, Schüsseln bereitgestellt und los geht's!

Blick in die Vorratskammer

MIT RESTEN ETWAS SCHÖNES SCHENKEN

Kleine Verpackungen für große Freude

SCHNELL GEMACHT

Tipp

Keine schöne Handschrift? Kein Problem! Auf www.handletteringlernen.de/generator gibt es wundervolle Letteringvorlagen zum Erstellen, Ausdrucken und Nachzeichnen. Damit wird jedes Kärtchen garantiert zu einem kleinen Kunstwerk!

Wenn es um Geschenke aus der Küche geht, kommt es nicht nur auf die inneren Werte an – auch eine schöne Geschenkverpackung trägt zur Freude über das leckere Mitbringsel bei. Für einen schönen ersten Eindruck sorgt eine Kombination aus drei Elementen: Ein spannendes Behältnis, ein schönes Stoffband und zusätzliche Dekoration wie ein Geschenkkärtchen oder ein schönes Lettering. Und das Ganze muss auch nicht teuer sein! Oftmals finden sich im eigenen Heim bereits kleine Schätze. Alte Dosen, gläserne Christbaumkugeln, helle Pappbecher oder auch Reagenzgläser können mit roter Schleife und schönem Kärtchen in Windeseile zu einem wunderschönen Foodie-Geschenk werden. Der Kreativität sind hier keine Grenzen gesetzt. Nur eines ist wichtig: Habt Spaß!

Schnelle Last Minute Rezepte

FÜR SPONTANE MINI-GESCHENKE AUS DER KÜCHE

It's beginning to feel a lot like Christmas
...und das bedeutet jedes Jahr wieder vor allem eines: Terminstress.
Zum Ende des Jahres scheint die Zeit schneller zu laufen als die Monate zuvor
und auf einmal steht schon die nächste Einladung zum Adventskaffee vor der Tür –
– und kein Mitbringsel ist in Sicht! Aber keine Panik. Mit diesen wunderbar einfachen
Last Minute Rezepten können in unter einer Stunde kleine Leckereien ohne
lange Zutatenlisten oder komplizierte Anleitungen gezaubert werden.

FÜR
DICH!

Weihnachtliche Schokoladen-Lollis

MIT BUNTEN ZUCKERSTREUSELN & GLITZER

Zutaten

für ca. 10 Stück

10 Keksstäbchen mit Schokolade
500 g weiße Schokolade
Fettlösliche Lebensmittelpaste
in z.B. Pink oder Blau
3 EL Zuckerstreusel
1 TL essbarer Glitzer

Außerdem

Spritzbeutel
Schleifenband

Diese Schokoladenlollis in Tannenbaumform sind nicht nur schnell gemacht, sondern durch Streusel oder Glitzer auch ein einmalig schönes und essbares Mini-Kunstwerk.

1. Die weiße Schokolade klein hacken und in eine Glas- oder Plastikschüssel füllen. Die Schokolade nun über einem heißen Wasserbad oder bei niedriger Wattzahl in der Mikrowelle unter ständigem Umrühren schmelzen lassen. Schokolade anschließend auf zwei kleine Schüsseln aufteilen und zu jedem Teil eine andere, fettlösliche Lebensmittelpaste einrühren.

2. Ein großes Brett mit Backpapier belegen und die Keksstäbchen mit Abstand zueinander darauf verteilen. Schokolade in zwei Spritzbeutel füllen und die Spitze abschneiden. In langsamen Zick-Zack-Bewegungen die Schokolade dünn von der Spitze des Keksstäbchen her immer breiter über das Stäbchen spritzen.

3. Schokoladenlollis mit Zuckerstreusel und essbarem Glitzer nach Wahl dekorieren und alles im Gefrierfach ca. 30 Minuten kühlen.

4. Die Schokoladenlollis abschließend mit Schleifenband dekorieren und nach Belieben in Tüten oder Folie eingewickelt verschenken.

Tipp

Beim Einfärben von Schokolade sollte unbedingt darauf geachtet werden, dass fettlösliche Farben gewählt werden, da andere Varianten die Schokolade verklumpen lassen.

Heiße Schokolade

FÜR KAKAOLIEBHABER ODER NOUGATFANS

Zutaten

Für den Mini-Kakao Mix

Für ca. 10 Stück

40 g purer Backkakao
30 g Puderzucker
1 Prise Salz
3 Mini-Marshmallows
1 kleine Zuckerstange
30 g Zartbitterschokolade

Außerdem

10 Reagenzgläser mit Korkverschluss

Es gibt doch nichts Schöneres, als bei Minusgraden eine heiße Schokolade in den Händen zu halten und mit dem Löffel die kleinen Marshmallows aus dem süßes Heißgetränk zu fischen.

1. Für den Kakaomix den Backkakao mit Puderzucker und einer Prise Salz vermischen. Das Pulver mit Hilfe eines kleinen Trichters in die Reagenzgläser füllen, bis diese zu dreiviertel gefüllt sind.

2. Die Marshmallows vierteln, Zuckerstange zerstoßen und Zartbitterschokolade fein hacken. Jeweils eine dieser drei Komponenten in die Reagenzgläser füllen und alles mit dem Korken verschließen.

Heiße Nougat-Schokolade

Für ca. 10 Stück

100 g Zartbitterschokolade
100 g Vollmilchschokolade
100 g Nougatrohmasse
20 g purer Backkakao
100 g weiße Schokolade
40 g Schokoladentropfen
1 EL Zuckerstreusel
30 g Mini-Marshmallows

Außerdem

10 Mini-Muffinförmchen
10 breite Holzstäbchen

1. Für die Nougat Schokolade Zartbitterschokolade und Vollmilchschokolade hacken und in eine Schüssel füllen. Die Schokolade zusammen mit der gehackten Nougatrohmasse und dem Backkakao über einem heißen Wasserbad oder bei niedriger Wattzahl in der Mikrowelle unter ständigem Umrühren schmelzen.

2. Die Mini-Muffinförmchen auf ein Brett oder einen Teller setzen und mit der flüssigen Nougatmischung füllen. Holzstäbchen in die Schokolade stecken und für ca. 20 Minuten im Gefrierfach fest werden lassen.

3. Währenddessen die weiße Schokolade hacken und ebenfalls über einem Wasserbad oder in der Mikrowelle schmelzen lassen.

4. Weiße Schokolade auf die gekühlte Schokolade am Stiel gießen und mit Schokoladentropfen, Zuckerstreuseln und Mini-Marshmallows toppen. Anschließend mindestens weitere 20 Minuten im Gefrierfach fest werden lassen.

5. Für eine zusätzliche Dekoration die Holzstiele mit festlichen Grüßen beschriften und die Nougat-Schokolade am Stiel in Tüten oder Folie verpacken.

HOHOHO

Schokoladige Rumkugeln

WIE VON OMA

Zutaten

Für ca. 20 Stück

300 g Kuchenreste oder fertiger Schokorührkuchen aus dem Supermarkt
100 g Vollmilchschokolade
100 g Butter
200 g Magerquark
50 g Zucker
50 ml Rum
100 g Marzipanrohmasse
40 g Mandelsplitter
1 Prise Salz
150 g Schokoladenstreusel
2 EL Puderzucker

Außerdem

20 Mini-Muffinförmchen
Papiertüten oder kleine Schachtel

Rumkugeln sind der beste Beweis, dass Kuchenreste nicht weggeschmissen, sondern wunderbar weiterverwendet werden können. Eine wahrhaft leckere Art der Nachhaltigkeit.

1. Den Kuchen mit den Händen fein zerbröseln und beiseitestellen.

2. Die Vollmilchschokolade hacken und zusammen mit der Butter in eine Glas- oder Plastikschüssel füllen. Beides über einem Wasserbad oder bei niedriger Wattzahl in der Mikrowelle unter ständigem Umrühren schmelzen lassen.

3. Magerquark, Zucker, Prise Salz, sowie Rum zur Schokolade geben und alles zu einer klebrigen Masse verrühren. Marzipanrohmasse in kleine Stücke reißen, Mandelsplitter hacken und beides zusammen mit den Kuchenresten in die Schokoladenmasse einkneten. Für 30 Minuten im Gefrierfach herunterkühlen lassen.

4. Nach der Ruhephase 20 kleine Kugeln formen und in den Schokoladenstreuseln wenden. Je eine Rumkugel in eine Muffinform setzen. Vor dem Servieren mit Puderzucker bestreuen und in einer Schachtel oder Tüte festlich verpacken.

Tipp

In Rumkugeln muss immer echter Rum drin sein? Nicht unbedingt. Alternativ kann auch eine halbe Ampulle Rum Aroma in den Teig eingerührt werden. So können auch die Kids zugreifen!

Knuspriges Frühstücksglück

FÜR EINEN GUTEN START

Zutaten

Knäckebrot

Für ca. 12 Stück

80 g Weizenmehl (Type 550)
50 g Haferflocken
50 g Sonnenblumenkerne
50 g Kürbiskerne
3 EL Sesam
1 Prise Salz
1 EL Olivenöl
170 ml Wasser

Außerdem

Schleifenband
Pappschachtel

Ob süß oder herzhaft – Frühstücksfans werden sich über das selbstgemachte Knäckebrot und das leckere Cranberry Knuspermüsli wie kleine Schneekönige freuen und den nächsten Morgen herbeisehnen.

1. Den Ofen auf 170 °C Umluft vorheizen.

2. Mehl mit Haferflocken, 40 g Sonnenblumenkerne, 25 g Kürbiskerne, 2 EL Sesam, Prise Salz, Olivenöl und Wasser vermischen. Masse anschließend dünn auf ein mit Backpapier ausgelegtes Backblech streichen und mit den restlichen Sonnenblumenkernen, Kürbiskernen, und Sesam bestreuen. Im Ofen 10 Minuten backen.

3. Dann das Blech aus dem Ofen nehmen und die Knäckebrote in 12 gleichgroße Rechtecke schneiden. Anschließend weitere 30 Minuten im Ofen backen und anschließend bei geöffneter Ofentür auskühlen lassen.

4. Zum Verschenken das Knäckebrot mit festlichem Schleifenband zusammenbinden und in einer kleinen Box verpacken.

Xmas Knuspermüsli

Für 8 Portionen

200 g Haferflocken
25 g Sonnenblumenkerne
25 g Kürbiskerne
1 Prise Salz
1 EL Spekulatiusgewürz
5 EL Sonnenblumenöl
2 EL Honig
100 g gemahlene Mandeln
100 g gesüßte Cranberries
50 g Spekulatiuskekse

Außerdem

Papiertüten
Schleifenband

1. Haferflocken mit Sonnenblumenkernen, Kürbiskernen, der Prise Salz, sowie Spekulatiusgewürz vermischen. Sonnenblumenöl mit Honig in einer großen, beschichteten Pfanne bei mittlerer Hitze erwärmen und Haferflockenmix zufügen. Alles 15 Minuten rösten und in eine große Schüssel umfüllen.

2. Die gemahlenen Mandeln, Cranberries und zerbrochenen Spekulatiuskekse zum gerösteten Müsli geben und alles gut vermischen.

3. Zum Verschenken das Müsli in festlich dekorierte Papiertüten umfüllen und mit einer Stoffschleife verschließen.

Weihnachtliche Schokoladentafeln

KUNTERBUNT UND JEDE EIN UNIKAT

Lebkuchenschokolade

Für ca. 2 Tafeln

200 g Zartbitterschokolade
½ TL Lebkuchengewürz
10 Dominosteine
½ TL essbarer Glitzer in Gold
1 TL Zuckersterne

1. Zartbitterschokolade hacken und in eine Glas- oder Plastikschüssel füllen. Die Schokolade nun über einem heißen Wasserbad oder bei niedriger Wattzahl in der Mikrowelle unter ständigem Umrühren schmelzen lassen. Lebkuchengewürz einrühren.

2. Die Schokolade auf ein mit Backpapier ausgelegtes Brett streichen oder in eine Silikonform für Schokoladentafeln füllen. Anschließend mit geschnittenen Dominosteinen, essbarem Glitzer in Gold sowie Zuckersternen dekorieren und ca. 30 Minuten im Gefrierfach fest werden lassen.

3. Anschließend in Stücke brechen und festlich verpacken.

Spekulatiusschokolade

Für ca. 2 Tafeln

200 g weiße Schokolade
½ TL Spekulatiusgewürz
2 EL gesüßte Cranberries
4 EL Pistazienkerne
25 Mini-Spekulatiuskekse

1. Die weiße Schokolade hacken und in eine Glas- oder Plastikschüssel füllen. Die Schokolade nun über einem heißen Wasserbad oder bei niedriger Wattzahl in der Mikrowelle unter ständigem Umrühren schmelzen lassen. Spekulatiusgewürz einrühren.

2. Schokolade auf ein mit Backpapier ausgelegtes Brett streichen oder in eine Silikonform für Schokoladentafeln füllen. Anschließend mit Cranberries, gehackten Pistazienkernen, ganzen und zerkrümelten Spekulatiuskeksen bestücken und ca. 30 Minuten im Gefrierfach fest werden lassen.

3. Anschließend in Stücke brechen und festlich verpacken.

Pfefferminzschokolade

Für ca. 2 Tafeln

200 g Weiße Schokolade
50 g Zartbitterschokolade
3 Tropfen Pfefferminzöl
2 kleine Zuckerstangen
4 EL Mini-Marshmallows
1 TL Zuckerstreusel
½ TL essbarer Glitzer in Silber

1. Weiße Schokolade hacken und in eine Glas- oder Plastikschüssel füllen. Die Schokolade nun über einem heißen Wasserbad oder bei niedriger Wattzahl in der Mikrowelle unter ständigem Umrühren schmelzen lassen. Pfefferminzöl einrühren.

2. Schokolade auf ein mit Backpapier ausgelegtes Brett streichen oder in eine Silikonform für Schokoladentafeln füllen. Zartbitterschokolade schmelzen und in Schleifen in die weiße Schokolade einrühren. Anschließend alles mit zerdrückten Zuckerstangen, Mini-Marshmallows, Zuckerstreuseln sowie essbarem Glitzer dekorieren und 30 Minuten im Gefrierfach kühlen.

3. Anschließend in Stücke brechen und festlich verpacken.

Rentierschokolade

Für ca. 2 Tafeln

200 g Vollmilchschokolade
6 Salzbrezel
2 Schokolinsen in Rot
4 Zuckeraugen
1 TL Zuckerstreusel
½ TL essbarer Glitzer in Rot

1. Vollmilchschokolade hacken und in eine Glas- oder Plastikschüssel füllen. Die Schokolade nun über einem heißen Wasserbad oder bei niedriger Wattzahl in der Mikrowelle unter ständigem Umrühren schmelzen lassen.

2. Schokolade auf ein mit Backpapier ausgelegtes Brett streichen oder in eine Silikonform für Schokoladentafeln füllen. Für das Rentiergesicht eine Schokolinse Mittig auf die Schokolade setzen, die Zuckeraugen darüber platzieren und für das „Geweih“ zwei Salzbrezeln schief andrücken. Abschließend alles mit zerkleinerten Salzbrezeln, Zuckerstreusel sowie essbarem Glitzer dekorieren und 30 Minuten im Gefrierfach kühlen.

3. Anschließend in gewünschte Stücke brechen und festlich verpacken.

Schnelle Energyballs

MIT ERDNUSSBUTTER & SCHOKODROPS

Zutaten

Für ca. 15 Stück

90 g kernige Haferflocken
120 g cremige Erdnussbutter
50 g geschrotete Leinsamen
60 g Schokodrops
80 g Honig
40 g Chiasamen
1 TL Vanilleextrakt
1 Prise Salz
20 g Kokosraspeln
20 g purer Backkakao

Außerdem

Kleine Jute- oder Papierbeutel

Diese leckeren Energyballs bringen nicht nur die nötige Energie in stressigen Zeiten mit sich, sondern heben durch grandiose Zutaten wie Schokodrops, Erdnussbutter und Haferflocken auch sofort die Stimmung.

1. Haferflocken, Erdnussbutter, Leinsamen, Schokodrops, Honig und 30 g der Chiasamen, Vanilleextrakt und Salz gut vermischen. Anschließend 30 Minuten im Kühlschrank kühlen.

2. Den gekühlten Haferflockenmix zu 15 gleich großen Kugeln formen und jeweils 5 Stück in den restlichen Chiasamen, Kokosraspeln oder Backkakao wenden. Weitere 20 Minuten kühlen.

3. Zum Verschenken die Energyballs in kleine Tüten oder Jutebeutel füllen und bis zum Verzehr im Kühlschrank kühlen.

Tipp

Energyballs lassen sich durch immer neue Zutaten variieren. Wie wäre es zum Beispiel mit Gewürzen wie Spekulatius, getrockneten Früchten wie Äpfeln oder mit Nüssen als Ergänzung?

Kleine Gewürzträume

RAUCHIG UND FEURIG

Zutaten

Magischer Barbecue Rub

Für ca. 4 Portionen

150 g feines Meersalz
35 g Paprika edelsüß
50 g brauner Zucker
20 g Knoblauchpulver
1 EL Chilipulver
1 EL Senfkörner
2 EL Kreuzkümmel
2 TL Pfeffer
2 TL Cayennepfeffer

Außerdem

Kleine Gewürzgläser
Schleifenband
Siegelwachs-Set

1. Alle Zutaten in einer großen Schüssel vermischen und abschmecken.

2. Zum Verschenken das Barbecue Rub in kleine Gewürzgläser füllen und Gläschen festlich mit Schleifenband und Siegelwachs dekorieren.

Aromatisierte Salze

Für ca. 12 Portionen

600 g Meersalz
4 Scheiben Bacon
1 TL Honig
1 EL heißes Wasser
1 Limette
2 EL Chiliflocken
1 EL Chilipulver
1 Orange
1 TL Anissterne ganz
1 TL Anis gemahlen

Außerdem

12 transparente Christbaumkugeln
Schleifenband

1. Für das Baconsalz den Bacon von beiden Seiten in einer beschichteten Pfanne anbraten. Kurz vor dem Herausnehmen mit einer Mischung aus Honig und Wasser bestreichen, kurz weiterbraten und auf einem Küchentuch abkühlen lassen. Bacon anschließend in sehr kleine Stücke schneiden und mit 200 g Meersalz vermischen.

2. Für das Chilisalz die Limette heiß abwaschen und anschließend mit einer Reibe die Schale abreiben. Limettenabrieb mit Chiliflocken, Chilipulver sowie 200 g Meersalz vermischen.

3. Für das weihnachtliche Orangensalz die Orange heiß abwaschen und anschließend mit einer Reibe die Schale abreiben. Den Orangenabrieb mit ganzem und gemahlenem Anis, sowie 200 g Meersalz vermischen.

4. Zum Verschenken die Salze mit Hilfe eines kleinen Trichters in transparente Christbaumkugeln füllen und mit Schleifenband verzieren.

Frohe Weihnachten

HOHOHO

Sweet & Spicy Gewürznüsse

MIT HONIG & PFEFFER

Zutaten

Für ca. 8 Portionen

80 g Walnusshälften
60 g Pekannüsse
120 g Mandeln
100 g Erdnusskerne
100 g Cashewkerne
120 g Honig
30 ml Wasser
1 EL Butter
1 TL Salz
½ TL Pfeffer
½ TL Kreuzkümmel
1 Prise Chilipulver
1 Prise Zimt

Außerdem

Papiertüten

Wenn Erdnusskerne, Walnusshälften und Pekannüsse auf Honig, Zimt und Cayennepfeffer treffen, dann beginnt auf der Zunge eine Geschmacksexplosion der ganz besonders festlichen Art.

1. Den Ofen auf 180 °C Ober-/Unterhitze vorheizen.

2. Alle Nüsse vermischen und beiseitestellen.

3. Den Honig zusammen mit Wasser und Butter in einer großen, beschichteten Pfanne bei mittlerer Hitze aufkochen. Gewürze und Nüsse zufügen und alles kurz gemeinsam erhitzen.

4. Den Nussmix auf ein mit Backpapier ausgelegtes Backblech verteilen und im Ofen 10 Minuten backen. Kurz durchrühren und weitere 10 Minuten backen. Anschließend bei geöffneter Ofentür komplett auskühlen lassen und zum Verschenken in kleine, festlich dekorierte Papiertüten füllen.

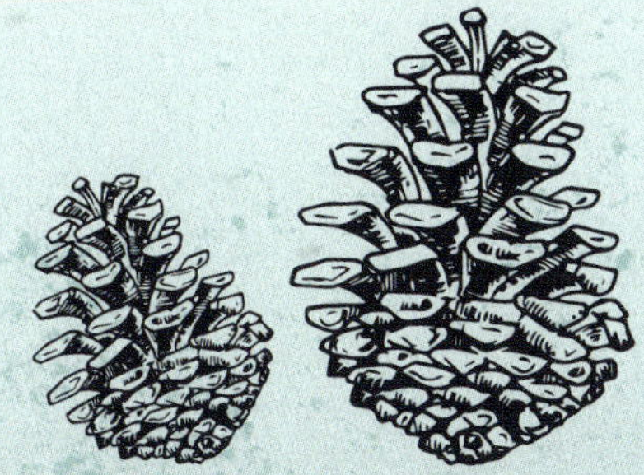

Deluxe Snacks

KNUSPRIGE BROTCHIPS UND GRISSINI

Zutaten

Zweierlei Brotchips

Für ca. 8 Portionen

200 g Baguette-Brötchen
100 g Butter
50 ml Olivenöl
1 Knoblauchzehe
1 EL feines Meersalz
2 TL Oregano
2 EL Sesam
1 EL Mohn
1 EL Knoblauchpulver
100 ml Sonnenblumenöl
40 g Zucker
2 TL Zimt
1 EL gemahlene Haselnüsse

In der Weihnachtszeit muss es nicht nur süße Leckereien geben. Diese easy-peasy Snacks wickeln jeden um ihre knusprigen Finger.

1. Ofen auf 200 °C Ober-/Unterhitze vorheizen.

2. Baguette-Brötchen in ca. 5mm dünne Scheiben schneiden.

3. Für die **herzhaften Brotchips** den Knoblauch pressen und mit 50 g geschmolzener Butter und 50 ml Olivenöl mischen. Die Hälfte der Brotscheiben mit dem Mix bestreichen und 5 Minuten backen. Meersalz mit Oregano, Sesam, Mohn und Knoblauchpulver vermischen und 2/3 der Mischung auf den Scheiben verteilen. Brotchips wenden, mit restlichem Butter-Öl-Mix bestreichen und weitere 10 Minuten backen. Dann den restlichen Gewürzmix darauf verteilen und auskühlen lassen.

4. Für die **süßen Brotchips** das Sonnenblumenöl mit 50 g flüssiger Butter, Zucker und 1 TL Zimt vermischen. Die zweite Hälfte der Brotscheiben mit süßem Butter-Öl-Mix bestreichen und im Ofen 5 Minuten backen. Mit Zimt und gemahlenen Haselnüssen bestreuen. Chips wenden und mit restlichem Butter-Öl-Mix bestreichen. Weitere 10 Minuten im Ofen backen, erneut mit Zimt und Nüssen bestreuen und auskühlen lassen.

Festliche Grissini

Für ca. 8 Portionen

250 g Weizenmehl (Type 550)
2 EL Trockenbackhefe
140 ml lauwarmes Wasser
1 TL Salz
1 Prise Zucker
4 EL Olivenöl
2 TL grobes Meersalz
1 TL Sesam
½ TL Zwiebelpulver
1 TL Schwarzkümmel
1 TL Mohn
½ TL Knoblauchpulver

Außerdem

Schleifenband

1. Mehl mit Hefe, lauwarmen Wasser, Salz und der Prise Zucker zu einem Teig kneten und abgedeckt 30 Minuten ruhen lassen.

2. Ofen auf 200 °C Ober-/Unterhitze vorheizen.

3. Teig erneut kneten, zu einem Rechteck ausrollen und 20 Minuten gehen lassen. Dann mit einem Pizzaroller in 30 Streifen (ca. 1 cm breit) schneiden. Die Streifen auf ein mit Backpapier ausgelegtes Backblech legen.

4. Die Streifen mit Olivenöl bestreichen und mit Sesam, Zwiebelpulver, Mohn und Knoblauchpulver, Schwarzkümmel und Meersalz bestreuen. Grissini 15 Minuten im Ofen goldbraun backen und auskühlen lassen.

5. Die Grissini mit einem festlichen Schleifenband umwickeln.

nina

Festliche Mini-Mitbringsel

FÜR EINE LECKERE ADVENTSZEIT

It's the most wonderful time of the year – die Zeit von Plätzchen, Lebkuchen und Marzipan lässt alle Jahre wieder die Genuss-Herzen höherschlagen und dieses Gefühl möchten wir mit all unseren Herzensmenschen teilen. Am liebsten in Form von festlichen Mini-Mitbringseln, die schnell dekoriert sind und Jedem ein Strahlen ins Gesicht zaubern.

Weihnachtliche Schokoküsse

ZUM VERLIEBEN

Zutaten

Für ca. 12 Stück

1 große Waffelplatte 20 x 30 cm
3 Eiweiß (Größe M)
1 Prise Salz
60ml Wasser
150 g Zucker
1 Blatt Gelatine
400 g weiße Schokolade
3 EL Kokosfett
Fettlösliche Lebensmittelpaste in Rot
Fettlösliche Lebensmittelpaste in Grün
2 EL Kokosraspeln
1 EL Zuckerstreusel

Wenn es in diesem Buch ein Rezept gibt, das fast zu süß zum Vernaschen ist, dann sicherlich diese Schokoküsse in Christbaum- und Weihnachtsmützenoptik. Und nicht nur das: Sie zu Backen ist mindestens eine ebenso große Freude!

1. Die Eier trennen und das Eiweiß mit der Prise Salz schaumig aufschlagen. Wasser mit Zucker in einem Topf auf 120 °C erhitzen. Gelatine in kaltem Wasser 5 Minuten einweichen, ausdrücken und unter die heiße Zuckermasse rühren. Die Zuckermasse zum geschlagenen Eiweiß geben und zu einer steifen Masse aufschlagen.

2. 12 ca. 6 cm große Kreise aus den Waffelblättern ausstechen und auf ein Brett setzen.

3. Eimasse in einen Spritzbeutel mit Sterntülle füllen. Für die Christbäume jeweils drei Spritzer übereinander auf einen Waffelboden spritzen. Für die Weihnachtsmützen die Masse mit dem Spritzbeutel in Kreisbewegungen spiralförmig auftragen. Schokoküsse für ca. 1 Stunde im Kühlschrank fest werden lassen.

4. Die weiße Schokolade klein hacken und in eine Schüssel füllen. Die Schokolade nun über einem heißen Wasserbad oder bei niedriger Wattzahl in der Mikrowelle unter ständigem Umrühren mit dem Kokosfett schmelzen lassen. Schokolade anschließend auf zwei kleine Schüsseln aufteilen. Die eine mit grüner, fettlöslicher Lebensmittelpaste einfärben, die andere mit der roten.

5. Schokoküsse auf ein Gitter verteilen und dieses auf das Backblech setzen. Nun werden die Christbaumvarianten mit der grünen Schokolade und die Mützen mit der roten Schokolade in kreisenden Bewegungen begossen.

6. Die Schokoküsse in Mützenoptik kopfüber in Kokosraspel dippen und den unteren Rand mit Kokosraspeln verzieren. Die Christbäume mit weihnachtlichen Zuckerstreuseln dekorieren. Schokoküsse anschließend für ca. 1 Stunde im Kühlschrank kühlen.

Tipp

Waffelplatten sind sowohl online, als auch in gut sortierten russischen und polnischen Lebensmittelgeschäften zu finden.

Mini-Lebkuchenhäuschen

FÜR EINE ZUCKERSÜSSE KAKAOPAUSE

Zutaten

Für ca. 10 Stück

50 g Honig
70 g Butter
130 g Weizenmehl (Type 550)
30 g Puderzucker
1 TL Backpulver
1 EL Lebkuchengewürz
1 EL purer Backkakao
1 Prise Salz
2 Eier (Größe M)
220 g Puderzucker
4 EL Zuckerstreusel

Hänsel und Gretel wären entzückt über diese kleinen Mini-Lebkuchenhäuschen gewesen und hätten sie sich bestimmt auf die eigene Tasse Kakao gesteckt. Eine böse Hexe versteckt sich nicht darin, sondern nur guter Geschmack.

1. Für den Lebkuchenteig Honig und Butter in einem kleinen Topf erhitzen und beiseitestellen. Das Mehl mit Puderzucker, Backpulver, Lebkuchengewürz, Kakao, sowie der Prise Salz vermischen. Warmes Honig-Butter-Gemisch und eines der Eier zugeben, alles zu einem glatten Teig verkneten, zu einem Ball formen, in Frischhaltefolie wickeln und im Kühlschrank 15 Minuten kühlen.

2. Den Ofen auf 180 °C Ober-/Unterhitze bzw. 160 °C Umluft vorheizen

3. Ein Stück Backpapier auf die Schablonen legen, mit einem Stift nachzeichnen und ausschneiden.

4. Teig auf einer leicht bemehlten Arbeitsfläche ca. 2–3 mm dick ausrollen und mithilfe der zugeschnittenen Schablonen in Form schneiden. Für ein Häuschen werden je zwei Exemplare der jeweiligen Form benötigt.

5. Lebkuchenteile auf ein mit Backpapier belegtes Backblech setzen und im Ofen ca. 6-8 Minuten backen. Anschließend komplett auskühlen lassen.

6. Das andere Ei trennen, mit 200 g Puderzucker verrühren. Den Zuckerguss in einen Spritzbeutel mit kleiner Lochtülle füllen und die Ränder der Lebkuchenwände großzügig mit dem Zuckerguss bedecken. Die Teile vorsichtig zusammensetzen, kurz festhalten und zum vollständigen Trocknen auf ein Brett setzen.

7. Sobald die Lebkuchenhäuschen stabil sind, diese mit dem übrigen Zuckerguss bestreichen und in Zuckerstreuseln wenden. Trocknen lassen und kurz vor dem Anstecken an die Tasse mit etwas Puderzucker bestreuen.

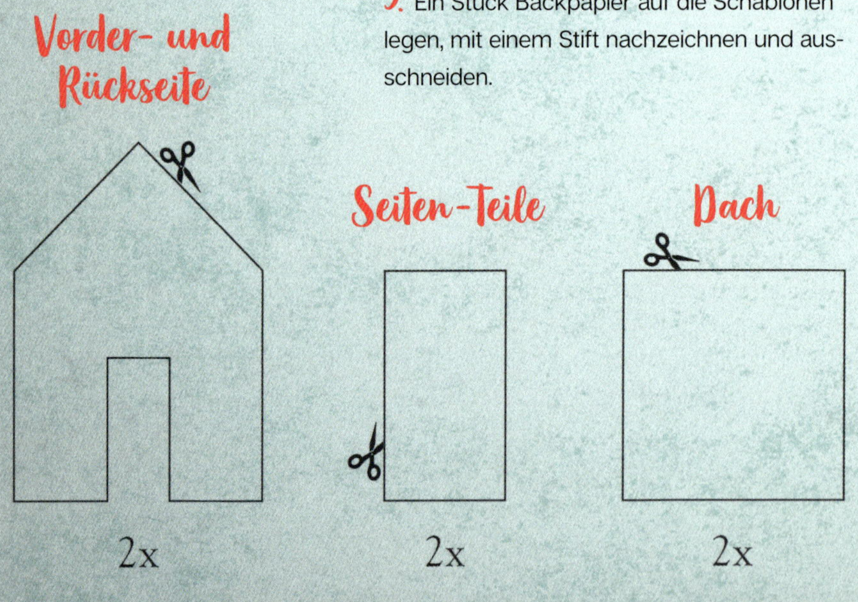

Festliche Ideen mit Baiser

BAISER IST NICHT NUR SCHNELL GEMACHT, SONDERN AUCH EIN WAHRER VERWANDLUNGSKÜNSTLER.

Grundrezept Baiser

Für ca. 1 Portion

3 Eier (Größe M)
1 Prise Salz
150 g Zucker
1 EL Speisestärke

1. Eier trennen und das Eiweiß zusammen mit der Prise Salz in einer sauberen Schüssel schaumig aufschlagen.

2. Nach und nach den Zucker einrieseln lassen und ca. 5–10 Minuten mit einem Handrührgerät oder einer Küchenmaschine zu einer fluffigen und steifen Masse verrühren. Anschließend die Speisestärke zugeben und kurz unterrühren.

3. Ofen auf 80 °C Ober-/Unterhitze vorheizen.

Pfefferminz Tuffs

Für ca. 15–20 Stück

Zutaten laut „Grundrezept Baiser"
2 Tropfen Pfefferminzöl
100 g Zartbitterschokolade
1 EL Kokosfett
1 Zuckerstange
2 EL gehackte Pistazienkerne
Lebensmittelpaste in Pink

Außerdem

Spritzbeutel
Große Spritztülle

1. Baiser nach Grundanleitung zubereiten. Dann mit pinker Lebensmittelpaste einfärben und mit Minzöl verfeinern. Anschließend in einen Spritzbeutel mit offener Sterntülle füllen.

2. Baiser in ca. Ø 4 cm großen Tupfern auf ein mit Backpapier ausgelegtes Backblech spritzen und im Ofen ca. 40 Minuten backen. Anschließend komplett auskühlen lassen.

3. Gehackte Schokolade mit Kokosfett über einem Wasserbad oder bei niedriger Wattzahl in der Mikrowelle schmelzen. Die Baiser Tuffs in der Schokolade wenden, abtropfen lassen und auf ein Brett setzen. Mit zerstoßener Zuckerstange bzw. Pistazienkernen bestreuen und im Kühlschrank ca. 10 Minuten fest werden lassen.

Tipp

Aufgepasst – Baiser kann eine Diva sein! Damit die Masse schön fest wird, unbedingt vor dem Aufschlagen das Equipment gründlich abwaschen, abtrocknen und die Eier sauber trennen. Nur ein Tropfen Eigelb und die Masse wird nicht steif.

Baiser Pops

Für ca. 10–15 Stück

Zutaten laut „Grundrezept Baiser“
20 Salzstangen
1 EL Zuckerstreusel
Lebensmittelpaste in Grün
Lebensmittelpaste in Rot

Außerdem

Spritzbeutel
Große Spritztülle

1. Baiser nach Grundanleitung zubereiten. Die Lebensmittelpasten als Streifen in einen großen Spritzbeutel mit großer Sterntülle pinseln. Die Basiermasse in den Beutel füllen.

2. Salzkörner von den Salzstangen entfernen. Jede Salzstange in das Loch der Spritztülle stecken und nach unten herausziehen, sobald das Baiser darauf gespritzt wird. Dabei immer wieder drehen. Dadurch entstehen bunte Wirbel.

3. Die Baiser Pops auf ein mit Backpapier ausgelegtes Backblech legen, mit Zuckerstreuseln bestreuen und im Ofen ca. 50 Minuten backen.

Baiser Kränze

Für ca. 10–12 Stück

Zutaten laut „Grundrezept Baiser“
1 EL Zuckerstreusel
Lebensmittelpaste in Grün
Lebensmittelpaste in Blau

Außerdem

Spritzbeutel
Große Spritztülle
Schleifenband

1. Baiser nach Grundanleitung zubereiten. Die Hälfte des Baisers mit grüner und blauer Lebensmittelpaste zu einer leichten Mint-Farbe verrühren und das gefärbte, wie auch das weiße Baiser in je einen Spritzbeutel mit Sterntülle füllen.

2. Baiser auf ein mit Backpapier ausgelegtes Backblech zu kleinen, runden Kränzen spritzen, mit Zuckerstreuseln bestreuen und jeweils eine Schleife aus Schleifenband in das Baiser drücken. Im Ofen ca. 50 Minuten backen und komplett auskühlen lassen.

3. Abschließend Schleifenband durch den abgekühlten Baiserkranz ziehen, verknoten und dekorativ an einem Weihnachtsbaum oder Adventsstrauch hängen.

Kirsti
nina
Anna
Sina

Sugar Cookies

ZUM VERSCHENKEN & DEKORIEREN

Zutaten

Für ca. 10–15 Stück

100 g Zucker
1 EL Vanillinzucker
200 g kalte Butter
300 g Weizenmehl (Type 550)
2 Eier (Größe M)
½ TL Zimt
½ TL Vanilleextrakt
1 Prise Salz
150 g Puderzucker
Lebensmittelpaste in Rot
Lebensmittelpaste in Grün
5 Blätter essbares Blattgold
Essbarer Glitzer in Rot
Essbarer Glitzer in Weiß
1 EL Zuckerstreusel

Außerdem

Plätzchen-Ausstecher
Weihnachtliches Schleifenband

Weihnachtskekse gehören zur Adventszeit wie die rote Pudelmütze zum Weihnachtsmann.
Diese kleinen Kunstwerke sind aber nicht nur zum Genießen, sondern auch zur Dekoration da – wie wäre es zum Beispiel mit Keksanhänger für den Weihnachtsbaum oder kleinen, süßen Tischkärtchen?

1. Für den Teig Zucker, Vanillinzucker, klein gewürfelte Butter, Mehl, ein ganzes Ei, sowie Zimt, Vanilleextrakt und die Prise Salz zu einem glatten Teig verkneten, zu einem Ball formen und in Frischhaltefolie gewickelt eine Stunde im Kühlschrank ruhen lassen.

2. Ofen auf 180 °C Ober-/Unterhitze bzw. 160 °C Umluft vorheizen.

3. Den Teig auf einer leicht bemehlten Fläche ca. 3 mm dick ausrollen und mit verschiedenen Ornament- oder Schildchen Ausstechern die Kekse ausstechen und auf ein mit Backpapier belegtes Backblech setzen. Für den Baumschmuck anschließend mit einem Zahnstocher ein ca. 4 mm großes Loch in jeden Keks stechen.

4. Kekse im Ofen ca. 15–20 Minuten leicht braun backen und komplett auskühlen lassen.

5. Für den Guss das restliche Ei trennen und das Eiweiß mit dem Puderzucker verrühren. Zuckerguss dritteln und einen Teil weiß belassen, einen Teil mit roter Lebensmittelpaste und einen Teil mit grüner Lebensmittelpaste verrühren.

6. Den Zuckerguss in drei Spritzbeutel füllen und Kekse hiermit nach Belieben mit Mustern oder Namen dekorieren, anschließend mit essbarem Blattgold verfeinern, mit Glitzer und Zuckerstreuseln bestreuen und vollständig durchtrocknen lassen.

7. Für den Baumschmuck ein Schleifenband durch das Loch ziehen und verknoten.

Tipp

Für noch mehr Weihnachtsfeeling kann statt Zimt auch Spekulatius- oder Lebkuchengewürz in den Teig geknetet werden.

Fruchtige Knabbereien

MIT DUNKLER SCHOKOLADE

Zutaten

Kandierte Orangen

Für ca. 4 Portionen

4 große Bio Orangen
400 g Zucker
6 EL Wasser
100 g Zartbitterschokolade
1 EL Kokosfett

Außerdem

Pappbecher
Schleifenband

Wenn die Küche nach Orange riecht und im Ofen kleine Bananenscheiben knusprig zu Chips gebacken werden, dann ist Vorfreude auf diese fruchtigen Snacks nicht weit.

1. Orangen gründlich waschen und abtrocknen. Die Enden der Orangen abschneiden, der Länge nach vierteln und vom Fruchtfleisch befreien. Die weiße Haut entfernen und Schale anschließend in etwa 1,5 mm dicke Streifen schneiden.

2. Streifen in einen Topf geben und mit kaltem Wasser aufgießen. Topf auf dem Herd langsam zum Kochen bringen und Schalen ca. 2 Minuten darin aufkochen. Wasser abgießen und diesen Schritt noch zwei weitere Male wiederholen. Die Schalen anschließend auf Küchenpapier gut abtrocknen lassen.

3. Zucker mit Wasser in einem mittleren Topf bei niedriger Hitze schmelzen und zu Sirup einkochen lassen. Orangenschalen dazu geben, gut verrühren und 5 Minuten ziehen lassen. Anschließend Streifen aus dem Sirup nehmen, abtropfen lassen und auf ein mit dem restlichem Zucker bestreutes Blech setzen. Im Zucker wenden und trocknen lassen.

4. Zartbitterschokolade klein hacken und in eine Schüssel füllen. Die Schokolade nun zusammen mit dem Kokosfett über einem heißen Wasserbad oder bei niedriger Wattzahl in der Mikrowelle unter ständigem Umrühren schmelzen lassen. Kandierte Orangenschalen in die Schokolade tunken, auf ein mit Backpapier ausgelegtes Brett setzen und im Kühlschrank 1 Stunde kühlen.

Bananen Chips

Für ca. 4 Portionen

3 reife Bananen
½ Bio Zitrone
5 EL Wasser
½ TL Kardamom gemahlen
100 g Zartbitterschokolade
1 EL Kokosfett
½ TL essbares Glitzer Gold

Außerdem

Pappbecher
Schleifenband

1. Ofen auf 100 °C Umluft vorheizen.

2. Bananen schälen, in ca. 2–3 mm dicke Scheiben schneiden, auf ein mit Backpapier ausgelegtes Backblech setzen und mit einem Gemisch aus Zitronensaft, Wasser und Kardamom bepinseln. Im Ofen bei leicht geöffneter Ofentür 2 Stunden backen. Anschließend drehen und weitere 2 Stunden backen.

3. Zartbitterschokolade klein hacken und in eine Glas- oder Plastikschüssel füllen. Die Schokolade nun zusammen mit dem Kokosfett über einem heißen Wasserbad oder bei niedriger Wattzahl in der Mikrowelle unter ständigem Umrühren schmelzen lassen.

4. Die Bananenscheiben zur Hälfte in die Schokolade tunken, mit einer Gabel herausnehmen, abtropfen lassen und auf ein mit Backpapier ausgelegtes Brett legen. Im Kühlschrank ca. 1 Stunde kühlen und anschließend mit essbarem Glitzer bestreuen.

5. Zum Verschenken einen Pappbecher weihnachtlich dekorieren, Bananenscheiben hineinfüllen und Becher gut verschließen.

Tipp

Statt Orangen können auch Zitronen-, Limetten- oder Grapefruitschalen eingekocht, kandiert und mit Schokolade verfeinert werden.

Marzipan Schokoküsse

MIT KOKOS & KROKANT

Zutaten

Für ca. 12 Stück

1 große Waffelplatte 20 x 30 cm
3 Eiweiß (Größe M)
1 Prise Salz
150 g Zucker
1 EL Vanillinzucker
1 TL Weinsteinbackpulver
½ Ampulle Bittermandelöl
200 g Zartbitterschokolade
200 g Vollmilchschokolade
4 EL Kokosfett
2 EL Kokosraspeln
2 EL Krokant

Von diesen Schokoküssen bekommt man nicht genug! Fluffig-weißes Glück mit leichter Marzipannote im Inneren und eine knackig-schokoladige Hülle außen. Dazu noch Krokant und Kokos – da darf gerne auch einer mehr genossen werden!

1. Eiweiß zusammen mit Prise Salz und Zucker über einem heißen Wasserbad leicht erhitzen und dabei ständig umrühren. Ei-Zucker-Gemisch anschließend zu einer hellen, steifen Masse aufschlagen und nach und nach das Weinsteinbackpulver zugeben. Dann mit Bittermandelöl abschmecken.

2. Mit einem Glas 12 ca. 6 cm große Kreise aus den Waffelblättern ausstechen und auf ein Brett setzen.

3. Baisermasse in einen Spritzbeutel mit offener Sterntülle füllen und mit gleichmäßigem Druck Spritzer auf jeden Waffelboden setzen. Schokoküsse für ca. 1 Stunde im Kühlschrank ruhen lassen.

4. Zartbitterschokolade und Vollmilchschokolade klein hacken und in jeweils eine Glas- oder Plastikschüssel füllen. Die Schokoladen nun getrennt voneinander mit jeweils 2 EL Kokosfett über einem heißen Wasserbad oder bei niedriger Wattzahl in der Mikrowelle unter ständigem Umrühren schmelzen lassen.

5. Schokoküsse auf ein Gitter setzen und dieses auf das Backblech setzen. Die erste Hälfte der Schokoküsse mit Zartbitterschokolade begießen und mit Krokant bestreuen. Die zweite Hälfte der Schokoküsse mit Vollmilchschokolade und Kokosraspeln verzieren. Schokoküsse anschließend für ca. 1 Stunde im Kühlschrank kühlen und noch frisch verschenken.

Tipp

Waffelplatten sind sowohl Online, als auch in gut sortierten russischen und polnischen Lebensmittelgeschäften zu finden.

Glühweingummis

MIT KIRSCHNOTE UND GLITZER

Zutaten

Für ca. 4 Portionen

100 ml Glühwein
80 ml Kirschsaft
1 EL Zitronensaft
80 g Zucker
100 ml Wasser
30 g gemahlene Gelatine
Lebensmittelfarbe in Metallic Rot
Essbarer Glitzer in Rot

Außerdem

Silikonformen für Pralinen
Schraubglas
Schleifenband

Nichts läutet die Adventszeit so lecker ein wie Glühwein. Mit diesen kleinen Glühweingummis in weihnachtlichen Formen kann er jetzt auch genascht statt nur getrunken werden und ist dabei auch noch richtig schick anzusehen.

1. Glühwein, Kirschsaft, Zitronensaft und Zucker in einem kleinen Topf erhitzen.

2. Die Gelatine in Wasser 5 Minuten quellen lassen, gelegentlich umrühren und zu den anderen Zutaten in den Topf geben. Alles gut verrühren und 5 Minuten köcheln lassen.

3. Silikonform auswaschen, abtrocknen, auf ein Brett setzen und das Glühweingemisch bis zum Rand in die Formen gießen. Glühweingummis 3 Stunden im Kühlschrank fest werden lassen.

4. Glühweingummis vorsichtig aus den Formen lösen, mit Lebensmittelfarbe dekorativ bemalen und zum Schluss mit Glitzer bestreuen. Eine weitere Stunde kühlen und zum Beispiel in einem dekorierten Schraubglas verschenken.

Tipp

Kein Alkohol? Kein Problem! Der Glühwein kann auch durch Punsch oder anderen Saft ersetzt werden.

Köstliche Kleinigkeiten

FÜR GLÄNZENDE AUGEN UNTER DEM WEIHNACHTSBAUM

Have yourself a merry little christmas – im Kreise der Familie feiern wir gemeinsam den Höhepunkt der schönsten Zeit des Jahres, genießen dieses warme Gefühl von Geborgenheit und beginnen einen dreitägigen Genussmarathon. Statt am Esstisch startet dieser allerdings bereits unter dem Weihnachtsbaum, denn selbstgemachter Limoncello, Weihnachtsmarmelade und viele weitere Köstlichkeiten im Miniformat zaubern schnell glänzende Augen bei der Bescherung.

Festliche Macarons

IM WINTER LOOK

Zutaten

Für ca. 20 Stück

Für die Schalen

125 g gemahlene, blanchierte Mandeln
200 g Puderzucker
80 g Eiweiß (ca. 3 Eier Größe M)
Lebensmittelpaste in Rot
Lebensmittelpaste in Weiß

Für die Eierlikör-Macarons

150 g weiche Butter
200 g Puderzucker
100 ml Eierlikör
1 Prise Salz
1 Eiweiß

Für die Himbeer-Macarons

150 g weiche Butter
100 g Puderzucker
4 EL Himbeerpulver
1 Prise Salz
Lebensmittelfarbe in Metallic Rot
2 Blatt essbares Blattgold

Außerdem

Pappschachtel
Schleifenband

Die Herkunft dieser himmlischen Baisier-Schätzchen reicht bis ins französische MIttelalter zurück. Damit sie gelingen, ist es hier besonders wichtig, sich exakt an die Gramm Anzahl und die Temperatur zu halten.

1. Für die Macarons-Schalen die Mandeln in einem Zerkleinerer noch feiner mahlen. 125 g Puderzucker dazu geben und alles durch ein Sieb in eine große Schüssel streichen. 40 g Eiweiß unter das Mandelmehl heben und zu einer Paste verrühren. 40 g Eiweiß mit den restlichen 75 g Puderzucker 8–10 Minuten steif schlagen. Vorsichtig unter die Mandelpaste heben. Masse teilen und eine Hälfte rot, die andere weiß einfärben.

2. Ein Backblech mit Backpapier auslegen, Ø 2 cm Kreise mit etwa 2 cm Abstand zueinander aufmalen und die Macaronsmasse in einen Spritzbeutel mit großer Lochtülle füllen. Die Creme in die Kreise auf dem Backpapier spritzen, das Backblech vorsichtig auf die Arbeitsplatte fallen und 30 Minuten antrocknen lassen.

3. Ofen auf 170 °C vorheizen und Macarons ca. 12–13 Minuten backen. Auf dem Backblech vollständig abkühlen lassen.

4. Für die Eierlikörcreme die Butter hellcremig aufschlagen und nach und nach 100 g Puderzucker einrühren. Esslöffelweise Eierlikör und die Prise Salz unterrühren. Creme in einen Spritzbeutel mit großer Lochtülle füllen, auf 10 rote Macarons Schalen spritzen und mit einer weiteren Schale bedecken. Restliche 100 g Puderzucker mit Eiweiß verrühren, in einen Spritzbeutel mit kleiner Lochtülle füllen und Verzierungen wie Schneeflocken auf die Schalen spritzen und im Kühlschrank kühlen.

5. Für die Himbeercreme die Butter hellcremig aufschlagen und nach und nach Puderzucker, sowie Prise Salz und Himbeerpulver einrühren. Creme in einen Spritzbeutel mit großer Lochtülle füllen, auf 10 weiße Macarons Schalen spritzen und mit einer weiteren Schale bedecken. Macarons mit essbarer Metallicfarbe in Rot bepinseln und mit essbarem Blattgold dekorieren. Im Kühlschrank kühlen.

Süßes Anstoßen

MIT WHISKY UND IRISH CREAM LIKÖR

Zutaten

Salted Caramel Sauce mit Wiskey

Für ca. 6 Portionen

400 g Zucker
220 g kalte Butter
200 g Schlagsahne
50 ml Whisky
1 TL feines Meersalz

Außerdem

6 x 200 ml Gläser mit Korken
Wachssiegel Set
Schleifenband

Auf den ersten Blick nicht zu erkennen, versteckt sich im Inneren der Salted Caramel Sauce und des cremigen Fudge hochprozentige Glückseligkeit. Mit Whisky und Irish Cream Likör werden diese Rezepte ein Highlight jeder Familienfeier!

1. Zucker in einen großen Topf geben und bei niedriger Hitze und regelmäßigem Schwenken des Topfes gleichmäßig erwärmen und karamellisieren lassen

2. Sobald das Karamell goldbraun ist, die kalte Butter in Stücken dazu geben und hierbei stetig rühren. Anschließend mit Sahne und Whisky ablöschen und mit Salz abschmecken.

3. Salzkaramell in 6 ausgekochte Gläser füllen, verschließen, mindestens einen Tag abkühlen lassen und die Gläser anschließend mit Wachssiegel, sowie Schleifenband dekorativ schmücken.

Schokoladen-Fudge mit Irish Cream Likör

Für ca. 20 Stücke

500 g Zartbitterschokolade
250 ml gesüßte Kondensmilch
150 ml Irish Cream Likör
½ TL Vanilleextrakt
1 Prise Salz
20 g gehackte Pistazienkerne
30 g gehackte Walnusskerne
50 g weiße Schokolade

Außerdem

Auflaufform oder eckige Backform
1 EL Speiseöl
Frischhaltefolie
Butterbrotpapier

1. Die Zartbitterschokolade hacken und mit der gesüßten Kondensmilch, sowie Irish Cream Likör, Vanilleextrakt und der Prise Salz in einem kleinen Topf bei niedriger Hitze erwärmen, bis die Schokolade komplett geschmolzen ist.

2. Auflaufform bzw. eckige Backform mit etwas Speiseöl einstreichen und mit Frischhaltefolie auskleiden. Die Fudge Masse in die Form gießen, glattstreichen, mit gehackten Nüssen bestreuen und mit geschmolzener, weißer Schokolade begießen. Fudge im Kühlschrank über Nacht fest werden lassen.

3. Schokoladen Fudge anschließend mit Hilfe der Frischhaltefolie aus der Form heben und in ca. 20 gleichgroße Quadrate schneiden. In Butterbrotpapier wickeln, festlich dekorieren und gekühlt verschenken.

Tipp

Abwechslung gefällig? Statt Whisky kann auch Rum in das Karamell, sowie statt Irish Cream Likör auch anderer Cremelikör (z.B. Baileys) in den Fudge gerührt werden.

FÜR DICH!

THE
PASTRY
CREAM
BAKERY

Schneeflocken-Marshmallows

MIT KOKOSRASPELN

Zutaten

Für ca. 8 Portionen

27 g gemahlene Gelatine
250 ml Wasser
300 g Glukosesirup
300 g Zucker
1 Prise Salz
1 EL Vanilleextrakt
100 g Kokosraspeln
1 EL Sonnenblumenöl
50 g Puderzucker
1 TL essbarer Glitzer in Weiß

Außerdem

Küchenthermometer
Glas- oder Keramikform
Hohes Glas

Im richtigen Licht glänzen diese weichen Marshmallows wie frisch gefallener und unberührter Schnee in der Morgensonne. Der große Unterschied: Plusgrade machen diesen wundervollen Leckerbissen nichts aus und schmelzen erst ganz langsam im Mund.

1. Die Gelatine in 125 ml Wasser quellen lassen.

2. Glukosesirup mit Zucker, restlichen 125 ml Wasser und der Prise Salz in einem Topf bei mittlerer Hitze erwärmen und so lange unter ständigem Umrühren köcheln lassen, bis die Masse eine Temperatur von 115 °C erreicht hat (ca. 15–20 Minuten). Ein Küchenthermometer ist für die Überprüfung der Temperatur unbedingt zu empfehlen.

3. Gelatine und heiße Zuckermasse in eine große Schüssel füllen, 50 g Kokosraspeln nach und nach dazugeben und bei höchster Stufe mit einer Küchenmaschine oder Handrührgerät 10 Minuten zu einer dicken, weißen Masse verarbeiten.

4. Eine große Glas- oder Keramikform (keine Metallform) mit Öl einstreichen und mit viel Puderzucker bestreuen. Marshmallow-Masse nun zügig aus der Schüssel in die Form geben, glattstreichen, mit restlichen 50 g Kokosraspeln, sowie essbarem Glitzer bestreuen und über Nacht an der Luft trocknen lassen. Anschließend in gleichmäßige Würfel schneiden und nach Belieben in einem dekorierten Glas verschenken.

Tipp

Glukosesirup gibt es in Konditoreien, Reformhäusern oder online zu kaufen. Kein Fan von Kokos? Dann kann z.B. auch Pfefferminz- oder Bittermandelöl eingerührt und die Marshmallows mit Nüssen oder zerkrümelten Zuckerstangen dekoriert werden.

Selbstgemachter Limoncello

WIE AUS ITALIEN

Zutaten

Für 2 Fläschchen

6 große Bio Zitronen
500 ml Alkohol mit mind. 90,0% Vol.
400 g Zucker
500 ml Wasser

Außerdem

Geschirrtuch
2 Fläschchen á 250 ml mit Korken oder Schraubverschluss
Klebeetiketten
Wachssiegel Set

Ein gekühlter und süß-saurer Limoncello geht von der Zunge direkt in die Seele über und ist nicht nur ein leckerer Likör beim Lieblingsitaliener, sondern auch ein einfaches Geschenk für die Liebsten zu Weihnachten.

1. 5 der 6 Zitronen heiß abwaschen, abtrocknen, halbieren und auspressen. Den Saft auffangen, diesen entweder für andere Rezepte verwenden oder mit Hilfe einer Eiwürfelform einfrieren und somit langfristig lagern. Für den Limoncello wird ausschließlich die Zitronenschale benötigt.

2. Leere Zitronenhälften in ca. 2 cm dicke Streifen schneiden, in eine Schüssel legen und mit Alkohol aufgießen. Schüssel mit Deckel oder Frischhaltefolie luftdicht verschließen und das Gemisch 2 Wochen an einem dunklen Ort ziehen lassen. Schüssel zwischendurch schwenken, damit sich das Aroma optimal verteilt.

3. Nach 2 Wochen die letzte Zitrone auspressen, den Saft zum Alkohol geben und gut verrühren. Ein sauberes Geschirrtuch über eine große Schüssel legen und das Zitronen-Alkohol-Gemisch durch das Tuch in die Schüssel passieren. Gut auswringen.

4. Zucker, sowie Wasser in einem mittelgroßen Topf aufkochen lassen bis sich der Zucker aufgelöst hat. Anschließend den Topf vom Herd nehmen, etwas abkühlen lassen und den Zitronen-Alkohol zugeben.

5. Für eine lange Haltbarkeit die Fläschchen 15 Sekunden in kochendem Wasser sterilisieren und kopfüber auf einem Küchenhandtuch trocknen lassen. Anschließend den noch heißen Limoncello in die Flaschen füllen, mit einem Korken oder Schraubverschluss gut und sicher verschließen.

6. Für eine edle Verpackung die Flaschen zunächst mit Klebeetiketten bekleben und beschriften. Siegelwachs in einem kleinen Topf bei niedriger Hitze schmelzen lassen und die Flaschen kopfüber in das Wachs tunken. Flaschen umdrehen, das Wachs an den Seiten hinunterlaufen lassen und mit dem Siegelstempel ein Muster in den Flaschenkopf drücken. Wachs aushärten lassen und Limoncello an einem dunklen Ort lagern.

Frohe Weihnachten

Weißer Nougat

MIT KIRSCHEN & PISTAZIEN

Zutaten

Für ca. 12 Portionen

450 g flüssiger Honig
100 g Zucker
3 Eiweiß (Größe M)
1 Prise Salz
1 Bio Zitrone
¼ TL Vanilleextrakt
100 g ganze Mandeln
50 g ganze Pistazienkerne
100 g Belegkirschen
50 g Orangeat
30 g Speisestärke

Außerdem

Auflaufform
1 TL Speiseöl
Frischhaltefolie
Cellophanfolie
Schleifenband

Weißer Nougat – auch Torrone genannt – ist ein absolutes Dessert-Highlight und wer ein wenig Geduld mitbringt, darf sich nach einigem Rühren über einen Traum aus Honig, Pistazien, Kirschen und Orangen freuen.

1. Ofen auf 150 °C Ober-/Unterhitze vorheizen und Mandeln und Pistazien 10 Minuten auf einem Backblech rösten. Ofen ausstellen, Tür leicht öffnen und Nüsse langsam herunterkühlen lassen

2. Honig mit Zucker in einem kleinen Topf bei niedriger Hitze erwärmen und ständig rühren, sodass das Honig-Zucker-Gemisch nach und nach immer heller wird.

3. Eiweiß mit Salz fast steif aufschlagen und nach und nach zum Honig-Zucker-Gemisch geben. Gut unterheben und mindestens 40 Minuten unter ständigem Rühren eindicken lassen. Tipp: Ob die Masse bereit für die Weiterverarbeitung ist, kann getestet werden, indem ein Tropfen der Honig-Zucker-Eiweiß-Masse in ein Glas mit kaltem Wasser gegeben wird. Wenn der Tropfen schnell fest wird und nicht mehr klebt, kann der Herd ausgeschaltet werden.

4. Die Zitrone heiß abwaschen, abtrocken und die Schale mit einer Reibe abreiben. Zitronenabrieb zusammen mit dem Vanilleextrakt unter die Masse heben. Dann die noch leicht warmen Nüsse, Belegkirschen und Orangeat vorsichtig untermischen.

5. Auflaufform mit etwas Speiseöl bepinseln, mit Frischhaltefolie auslegen und mit Speisestärke bestreuen. Weißes Nougat zügig in die Form füllen, glattstreichen, mit etwas Stärke bestreuen und einen Tag im Kühlschrank kühlen.

6. Weißes Nougat mit Hilfe der Frischhaltefolie aus der Auflaufform heben, Ränder gerade abschneiden und Nougat in 12 Scheiben schneiden. Nougatscheiben eng in Folie wickeln, die Enden mit Schleifenband verknoten und im Kühlschrank kühlen.

Salted Caramel Bars

MIT SHORTBREAD-BODEN & CASHEWKERNEN

Zutaten

Für ca. 15 Stück

Für den Boden

200 g Frischkäse
160 g weiche Butter
120 g brauner Rohrzucker
1/2 TL Vanilleextrakt
1/2 TL Salz
180 g Weizenmehl (Type 550)
60 g gemahlene Haselnüsse

Für das Salzkaramell

300 g Zucker
100 g Butter
100 g Schlagsahne
1 TL feines Meersalz
200 g ungesalzene Cashewkerne

Für die Dekoration

100 g Zartbitterschokolade
1 TL Meersalzflocken
1 TL gemahlene Haselnüsse

Fans von salzig-süßen Geschmacksexplosionen kommen bei diesen Salted Caramel Bars auf ihre Kosten: Der süße Shortbread Boden trifft auf ein cremiges Salzkaramell Topping mit versteckten Cashewkernen. Lecker!

1. Ofen auf 180 °C Ober-/Unterhitze vorheizen.

2. Für den Shortbread-Boden zunächst Frischkäse mit Butter, Rohrzucker, Salz und Vanilleextrakt cremig aufschlagen. Anschließend Mehl und Haselnüsse zufügen und alles zu einer Masse verrühren.

3. Eine 20 cm x 20 cm Form mit Backpapier auslegen, den Shortbread Teig hineinfüllen, glattstreichen und im Ofen ca. 15 Minuten backen. Anschließend komplett auskühlen lassen.

4. Für das Salzkaramell den Zucker in einen großen Topf füllen. Den Topf bei niedriger bis mittlerer Hitze erwärmen und zügig hin und her schwenken, damit der Zucker sich gleichmäßig erwärmen kann. Sobald der Zucker karamellisiert ist nach und nach die Butter in Stücken dazugeben und zügig umrühren. Anschließend Sahne und Salz unterrühren und alles kurz aufkochen lassen. Topf vom Herd nehmen und ca. 30 Minuten abkühlen lassen.

5. Cashews auf dem abgekühlten Shortbread Boden verteilen und mit dem flüssigen Salzkaramell begießen. Den Cashew-Salted-Caramel Mix zunächst 2 Stunden bei Raumtemperatur abkühlen lassen und dann über Nacht im Kühlschrank durchziehen lassen.

6. Cashew-Salted-Caramel Platte mit Hilfe eines scharfen Messers aus der Form lösen, in kleine Rechtecke schneiden und mit etwas geschmolzener Zartbitterschokolade begießen. Abschließend alles mit Meersalzflocken, sowie gemahlenen Haselnüssen garnieren und bis zum Verpacken im Kühlschrank kühlen.

Irish Cream Trüffelpralinen

MIT ZARTBITTERSCHOKOLADE & BLATTGOLD

Zutaten

Für ca. 30 Stück

300 g Zartbitterschokolade
50 g Schlagsahne
50ml Irish Cream Likör
100 g Vollmilchschokolade
30 g weiche Butter
5 Blätter essbares Blattgold

Außerdem

Pralinenform aus Silikon

Wenn etwas Edles verschenkt werden soll, dann sind diese gefüllten Irish Cream Trüffel Pralinen zu empfehlen. Mit Blattgold und knackiger Zartbitterhülle wird auch der stärkste Weihnachtsmann schwach.

1. Für die Füllung Schlagsahne mit Likör in einem kleinen Topf bei mittlerer Hitze erwärmen. Vollmilchschokolade und 50 g der Zartbitterschokolade hacken und in der heißen Likörsahne auflösen lassen. Alles gut verrühren, kurz pürieren, in eine Schüssel füllen und über Nacht im Kühlschrank ziehen lassen.

2. Die gekühlte Schokoladensahne aus dem Kühlschrank nehmen und die Masse hellcremig aufschlagen. Weiche Butter nach und nach unterrühren und alles beiseitestellen.

3. Die restliche 250 g Zartbitterschokolade hacken und in eine Glas- oder Plastikschüssel geben. Schokolade über einem heißen Wasserbad oder bei niedriger Wattzahl in der Mikrowelle unter ständigem Umrühren schmelzen lassen.

4. Die flüssige Schokolade in die Form gießen und die Form so lange schwenken, bis alle Seiten von der Schokolade bedeckt sind. Form kopfüber umdrehen und die übrige Schokolade zurück in die Schüssel fließen lassen. Schokoladenform für ca. 5 Minuten im Gefrierfach kühlen.

5. Die aufgeschlagene Schoko-Sahne-Likör-Creme in einen Spritzbeutel füllen und die Spitze großzügig abschneiden. Die ausgekühlte Schokoladenform zu dreiviertel mit der Creme füllen und anschließend für ca. 5 Minuten im Gefrierfach kühlen.

6. Nach der Kühlzeit die Formen mit der restlichen, flüssigen Zartbitterschokolade auffüllen und die Pralinen für 15 Minuten im Gefrierfach komplett auskühlen lassen.

7. Abschließend die Baileys-Trüffel-Pralinen vorsichtig aus den Formen lösen und nach Belieben mit essbarem Blattgold verzieren und in festlichen Schatullen verschenken.

Weihnachtliches Streichglück

IN SÜSS & HERZHAFT

Egal, ob die Wahl auf süße Weihnachtskonfitüre mit Cranberries & Zimt oder auf herzhaftes Chutney mit Tomaten & Cayennepfeffer fällt – sicher ist, dass Brot und Fleisch mit diesen Aufstrichen noch nie festlicher geschmeckt haben!

Zutaten

Weihnachtskonfitüre

Für 2 Gläser

200 g gesüßte Cranberries
250 ml Wasser
150 g säuerliche Äpfel z.B. Elstar
50 g TK-Himbeeren
2 TL Zimt
¼ TL Nelken gemahlen
1 TL Vanilleextrakt
1 Prise Salz
400 g Gelierzucker 2:1

Außerdem

2 Gläschen á 300 ml
mit Schraubverschluss
Schleifenband

1. Cranberries grob hacken, mit Wasser in einem mittelgroßen Topf bei mittlerer Hitze aufkochen und 20 Minuten köcheln lassen.

2. Äpfel schälen, entkernen und in kleine Stücke schneiden. Apfelstücke zusammen mit gefrorenen Himbeeren, Zimt, Nelken, Vanilleextrakt und Salz zu den Cranberries geben und alles noch einmal 20 weitere Minuten köcheln lassen. Anschließend fein pürieren.

3. Gelierzucker zum Fruchtpüree geben, gut verrühren und weitere 10 Minuten köcheln lassen.

4. Die Gläser 15 Sekunden in kochendem Wasser sterilisieren und kopfüber auf einem Küchenhandtuch trocknen lassen. Die heiße Konfitüre hineinfüllen, gut verschließen und 15 Minuten auf den Kopf stellen. Komplett auskühlen lassen.

5. Die Gläser mit Schleifenband und Geschenkanhängern dekorieren.

Festliches Chutney

Für 2 Gläser

500 g geschälte Dosentomaten
1 rote Paprika
200 g Zwiebeln
2 Knoblauchzehen
160 g Zucker
100 ml Weißweinessig
1 Prise Salz
2 TL Paprika edelsüß
1 Prise Cayenne Pfeffer
1 Prise Zimt

Außerdem

2 Gläschen á 300 ml
mit Schraubverschluss
Schleifenband

1. Den Strunk der Tomaten entfernen. Paprika waschen, entkernen und zusammen mit der Zwiebel und dem Knoblauch sehr fein hacken. Alles zusammen in einem mittelgroßen Topf bei mittlerer Hitze eine Stunde köcheln lassen.

2. Zucker, Essig und Gewürze zufügen und 30 Minuten einkochen.

3. Die Gläser 15 Sekunden in kochendem Wasser sterilisieren und kopfüber auf einem Küchenhandtuch trocknen lassen. Dann das noch heiße Chutney hineinfüllen, gut verschließen und 15 Minuten auf den Kopf stellen. Komplett auskühlen lassen und mindestens 2 Wochen an einem dunklen Ort ziehen lassen.

4. Die Gläser mit Schleifenband und Geschenkanhängern dekorieren

FÜR
DICH!

Schokoladentrüffel

ZUM DAHINSCHMELZEN

Zutaten

Grundrezept

Für ca. 20 Stück

80 g Schlagsahne
30 g Butter
1 EL Zucker
150 g Schokolade nach Wunsch
1 Prise Salz
Gewürze je nach Rezept
100 g Kuvertüre nach Wunsch

Ob mit Spekulatius-, Pfefferminz- oder Eierlikörfüllung – Diese kleinen Schokotrüffel wickeln jeden Schokoholic um den Finger.

1. Sahne mit Butter und Zucker aufkochen. Schokolade hacken, in eine Schüssel geben und mit dem heißen Sahne-Butter-Gemisch übergießen.

2. Die Mischung über einem Wasserbad schmelzen lassen und mit Gewürzen abschmecken. Masse im Kühlschrank über Nacht kühlen.

3. Nach der Kühlzeit die Schokoladenmasse mit einem Handrührgerät aufschlagen, in einen Spritzbeutel füllen und 20 walnussgroße Tupfer auf ein mit Backpapier ausgelegtes Brett setzen. Im Kühlschrank weitere 3 Stunden kühlen. Die Tupfer dann zu Kugeln formen.

4. Kuvertüre hacken und über einem heißen Wasserbad oder bei niedriger Wattzahl in der Mikrowelle unter ständigem Umrühren schmelzen lassen und in ein hohes Gefäß füllen.

Spekulatiustrüffel

Für ca. 20 Stücke

Zutaten laut Grundrezept
(Zartbitterschokolade als Basis)
1 EL Spekulatiusgewürz
1 EL purer Backkakao
100 g Zartbitterkuvertüre
5 Blatt essbares Blattgold

1. Masse nach Grundrezept zubereiten.

2. Trüffel in die Kuvertüre aus Schritt 4 tunken, herausnehmen und auf einem Gitter hin und her rollen, sodass kleine Schokoladenspitzen entstehen. Im Kühlschrank fest werden lassen und mit essbarem Blattgold verzieren.

Pfefferminz Trüffel

Für ca. 20 Stücke

Zutaten laut Grundrezept
(Zartbitterschokolade als Basis)
3 Tropfen Pfefferminzöl
100 g weiße Kuvertüre
2 kleine Zuckerstangen

1. Masse nach Grundrezept zubereiten.

2. Trüffel in die Kuvertüre aus Schritt 4 tunken und herausnehmen. Die Zuckerstangen zerstoßen und die Trüffel mit den Krümeln bestreuen. Im Kühlschrank kühlen.

Eierlikör Trüffel

Für ca. 20 Stücke

Zutaten laut Grundrezept
(Weiße Schokolade als Basis)
40 ml Eierlikör
100 g weiße Kuvertüre
40 g Puderzucker
Wichtig: Für dieses Rezept werden statt 80 g Sahne nur 50 g Sahne benötigt. Der Eierlikör wird zusammen mit Sahne, Butter und Zucker erhitzt.

1. Masse nach Grundanleitung zubereiten.

2. Trüffel in die Kuvertüre tunken, herausnehmen und kurz abkühlen lassen. Anschließend in Puderzucker wälzen und vollständig im Kühlschrank aushärten lassen.

DIY Vanilleextrakt

ZUM KOCHEN & BACKEN

Zutaten

Für 4 Fläschchen

24 Bourbon Vanilleschoten
800 ml Vodka mind. 35% Vol.

Außerdem

4 Fläschchen á 200ml mit Korken
oder Schraubverschluss
Klebeband in Gold
Wachssiegel Set

Vanille ist die Königin unter den Gewürzen und dieser selbstgemachte Vanilleextrakt im edlen Design das perfekte Weihnachtsgeschenk für Hobbyköche und Backfans.

1. Für eine lange Haltbarkeit die Fläschchen zunächst 15 Sekunden in kochendem Wasser sterilisieren und kopfüber auf einem Küchenhandtuch trocknen lassen.

2. Vanilleschoten der Länge nach einschneiden, aufklappen und das Mark mit Hilfe eines Teelöffels herauskratzen.

3. Vanillemark und sechs der ausgekratzten Schoten in jedes Fläschchen füllen und mit jeweils 200 ml Vodka auffüllen. Mit Korken oder Schraubverschluss verschließen und gut schütteln. Für mindestens 2–3 Wochen an einem dunklen Ort ziehen lassen.

4. Für eine edle Verschönerung goldenes Klebeband um den Hals der Flasche kleben und vorn übereinanderlegen. Siegelwachs erhitzen, einen Tropfen auf die Stelle der Überkreuzung setzen und einen Siegelstempel hineindrücken. Wachs vollständig auskühlen lassen.

Tipp

Zeit ist Geschmack: Je länger der Vanilleextrakt ziehen kann, desto intensiver und aromatischer wird er.

Rocky-Road Schokoladenwürfel

MIT MARSHMALLOWS

Zutaten

Für ca. 12 Würfel

Für die Marshmallows

27 g gemahlene Gelatine
250 ml Wasser
300 g Glukosesirup
300 g Zucker
1 Prise Salz
1 EL Vanilleextrakt
1 EL Sonnenblumenöl
50 g Puderzucker

Für den Schoko-Mix

700 g Vollmilchschokolade
200 g Zartbitterschokolade
70 g Kokosfett
100 g gesüßte Cranberries
250 g Lakritzkonfekt
30 g gehobelte Mandeln

Außerdem

Große Glas- oder Keramikform
Cellophanfolie
Küchenthermometer

Die Australier schwören seit Jahrhunderten auf den leckeren Mix aus Schokolade, Marshmallows, Nüssen und allerlei weiteren Leckereien und auch bei uns wird er immer beliebter – zu Recht!

1. Für die Marshmallows die Gelatine in 125 ml Wasser quellen lassen.

2. Glukosesirup mit Zucker, restlichen 125 ml Wasser und der Prise Salz in einem Topf erhitzen und so lange bei ständigem Umrühren kochen lassen, bis die Masse eine Temperatur von 115 °C erreicht hat (ca. 15–20 Minuten). Ein Küchenthermometer ist unbedingt zu empfehlen.

3. Gelatine und heiße Zuckermasse in eine große Schüssel füllen und bei höchster Stufe mit einer Küchenmaschine oder Handrührgerät 10 Minuten zu einer dicken, weißen Masse verarbeiten.

4. Eine große Glas- oder Keramikform (keine Metallform) mit Öl einstreichen und mit viel Puderzucker bestreuen. Marshmallow-Masse zügig aus der Schüssel in die Form geben, glattstreichen, mit Puderzucker bestreuen und über Nacht an der Luft trocknen lassen. Anschließend in ca. 5 cm x 5 cm große Würfel schneiden.

5. Am nächsten Tag Kokosfett in einem kleinen Topf bei mittlerer Hitze schmelzen lassen. Schokolade hacken und so lange unterrühren, bis sie komplett geschmolzen ist. Die Hälfte des Schokoladen-Fett-Gemisches in eine große Schüssel gießen. Marshmallow Würfel, Lakritzkonfekt und 80 g Cranberries zugeben und alles gut verrühren.

6. Den Mix in eine mit Frischhaltefolie ausgelegte Auflaufform geben und glattstreichen. Restliche Schokolade darüber gießen und mit übrigen Cranberries und Mandelblättchen bestreuen. Im Kühlschrank weitere 4 Stunden durchkühlen lassen.

7. Den Rocky Road Block aus der Form lösen, in gleichmäßige Stücke schneiden und festlich in Tüten oder Folie verpackt verschenken (oder einfach selbst genießen).

Tipp

Glukosesirup gibt es in Konditoreien, Reformhäusern oder online zu kaufen.

Register

A

Am Stiel 16, 18, 40

B

Bunt 16, 36, 40, 42
Blattgold 42, 52, 64, 68
Brotchips 32
Baiser 40
Bananenchips mit Schokolade 44

C

Cranberries 22, 24, 26, 60, 66, 72
Cashewkerne 30, 62
Chutney 66

E

Eier 36, 38, 40, 42, 46, 52
Eierlikör 52, 68
Erdnuss 30
Energyballs 26

F

Früchte 22, 24, 26, 44, 60, 66, 72

G

Glitzer 16, 24, 42, 44, 48, 52, 56
Glühweingummis 48
Gewürze 24, 28, 30, 32, 42, 66
Gewürznüsse 30
Grissini 32

H

Haferflocken 22, 26
Herzhaft 22, 28, 30, 32, 66
Honig 22, 26, 30, 38, 60
Haselnüsse 32, 62
Heisse Schokolade 18

I

Irish Cream Fudge 54
Irish Cream Trüffel Pralinen 64

K

Kürbiskerne 22
Kekse 22, 24, 42
Kokos 26, 36, 40, 42, 46, 56
Kakao 18, 26, 38, 68
Karamell 54, 62
Knäckebrot 22
Kandierte Orangen mit Schokolade 44
Konfitüre 66

L

Lebensmittelpaste 16, 36, 40, 42, 52
Lebkuchen 24, 38, 68

Lebkuchenhäuschen 38
Limoncello 58

M

Marshmallows 18, 24, 56, 72
Mandeln 20, 22, 30, 60
Marzipan 20, 46
Müsli 22
Macarons 52

N

Nougat 18, 60
Nüsse 20, 22, 24, 26, 30, 54, 60, 62, 72

O

Orange 44, 60

P

Pistazienkerne 24, 54, 60
Pfefferminz 24, 40, 68

R

Rumkugeln 20
Rocky Road Schokoladenwürfel 72

S

Salze 28
Salted Caramel Sauce 54
Salted Caramel Bars 62
Spekulatius 22, 24
Spirituosen 20, 48, 52, 54, 58, 64, 70
Schokolade 16, 18, 20, 24, 26, 36, 40, 44, 46, 54, 62, 64, 68, 72
Schokoladentafeln 24
Samen & Kerne 22, 26, 30, 32, 54, 60, 62
Schlagsahne 52, 54, 62, 64, 68
Süße Reste für festliche Geschenke 10
Schokoladen-Lollis 16
Schokoküsse 36, 46
Schokoladentrüffel 68
Sugar Cookies 42

V

Vanille 26, 42, 54, 56, 60, 62, 66, 70, 72
Verpackung 12
Vanilleextrakt 70

W

Walnuss 30
Wodka 70
Weißer Nougat 60

Z

Zuckerstreusel 16, 18, 24, 36, 38, 40, 42
Zitrone 28, 48, 58, 60

Die Autorin

Die Autorin Jasmin Krause ist eine waschechte Hamburgerin und brachte sich 2012 durch Online Videos und Rezeptbücher selbst das Backen bei, um ihren Eltern eine würdige Torte zur Silberhochzeit zaubern zu können. Die vierstöckige Torte ist am Ende zwar umgefallen, das neue Hobby aber blieb standhaft in ihrem Leben: Seit 2013 betreibt sie erfolgreich ihren Foodblog „KüchenDeern" und teilt dort ihre neuesten Rezepte. „Aus Liebe zum Naschen" ist ihr Motto und ganz nach dieser Lebenseinstellung veröffentlicht sie in diesem Rezeptbuchdebüt nun ihre liebsten Weihnachtsrezepte zum Verschenken.

Danksagung

Dieses wunderbare Weihnachtsbuch ist fertig geschrieben und alle Fotos sind im Kasten – Zeit für ein Dankeschön:

Danke an meine Eltern, die mich Genuss gelehrt haben und ohne die ich wohl nie zum Backen gekommen wäre.
Danke an meinen Bruder, auf den ich nicht nur beim Essen zählen kann.
Danke an meine beiden Familien, die mir mehr als genügend Anlässe zum Testbacken geben.
Danke an meine Lieblingsmenschen, die sich stets mutig durch meine Rezepte probieren und mir mit positivem Feedback immer wieder stärkenden Rückenwind geben.
Danke an meine ehemaligen Kollegen/-innen, die Dank meines kalorienreichen Hobbys sicherlich einige Extrakilos zu verbuchen haben.
Danke an meine Blogleser, Social Media Follower und virtuelle Backfamilie – ohne euch würde dieses Backbuch immer noch ein unerfüllter Traum und mein Leben so viel weniger Bunt sein. Ich danke euch von ganzem Herzen.

Neue, bunte und leckere Rezepte gibt es regelmäßig auf

www.kuechendeern.de

AUS LIEBE ZUM NASCHEN
KüchenDeern
WWW.KUECHENDEERN.DE

Weitere Empfehlungen für Dich

ISBN 978-3-7724-8074-4

ISBN 978-3-7724-4567-5

ISBN 978-3-7724-8072-0

ISBN 978-3-7724-7283-1

ISBN 978-3-7724-4568-2

ISBN 978-3-7724-7277-0

ISBN 978-3-7724-4514-9

ISBN 978-3-7724-8064-5

Impressum

Rezepte und Fotos: Jasmin Krause

Produktmanagement und Lektorat: Tanja Kasten, Sandra Aichele

Herstellung: Lea Geerken, Katrin Röhlig

Cover: Sandra Preinl

Satz: FSM Premedia GmbH & Co. KG

Druck & Bindung: Livonia Print SIA, Lettland

2. Auflage 2021

ISBN: 978-3-7724-8069-0

Best.Nr. 8069